MAR DE APRENDIZADOS, ANCORAGENS EDUCATIVAS

Possibilidades de ações pedagógicas na biblioteca escolar

Editora Appris Ltda.
1.ª Edição - Copyright© 2024 dos autores
Direitos de Edição Reservados à Editora Appris Ltda.

Nenhuma parte desta obra poderá ser utilizada indevidamente, sem estar de acordo com a Lei nº 9.610/98. Se incorreções forem encontradas, serão de exclusiva responsabilidade de seus organizadores. Foi realizado o Depósito Legal na Fundação Biblioteca Nacional, de acordo com as Leis n°s 10.994, de 14/12/2004, e 12.192, de 14/01/2010.

Catalogação na Fonte
Elaborado por: Dayanne Leal Souza
Bibliotecária CRB 9/2162

```
S163m      Sales, Célia Reis
2024          Mar de aprendizados, ancoragens educativas: possibilidades de ações
           pedagógicas na biblioteca escolar / Célia Reis Sales e Jussara Santos
           Pimenta. – 1. ed. – Curitiba: Appris, 2024.
              85 p. : il. color. ; 14,8 cm. – (Geral).

              Inclui referências.
              ISBN 978-65-250-6787-2

              1. Biblioteca escolar. 2. Educação. 3. Práticas educativas. 4. Professor
           readaptado. 5. Biblioteconomia escolar. I. Sales, Célia Reis. II. Pimenta,
           Jussara Santos. III. Título. IV. Série.
                                                                      CDD – 027.8
```

Livro de acordo com a normalização técnica da ABNT

Editora e Livraria Appris Ltda.
Av. Manoel Ribas, 2265 – Mercês
Curitiba/PR – CEP: 80810-002
Tel. (41) 3156 - 4731
www.editoraappris.com.br

Printed in Brazil
Impresso no Brasil

Célia Reis Sales
Jussara Santos Pimenta

MAR DE APRENDIZADOS, ANCORAGENS EDUCATIVAS

Possibilidades de ações pedagógicas na biblioteca escolar

Appris editora

Curitiba, PR
2024

FICHA TÉCNICA

EDITORIAL	Augusto Coelho
	Sara C. de Andrade Coelho
COMITÊ EDITORIAL	Ana El Achkar (Universo/RJ)
	Andréa Barbosa Gouveia (UFPR)
	Antonio Evangelista de Souza Netto (PUC-SP)
	Belinda Cunha (UFPB)
	Délton Winter de Carvalho (FMP)
	Edson da Silva (UFVJM)
	Eliete Correia dos Santos (UEPB)
	Erineu Foerste (Ufes)
	Fabiano Santos (UERJ-IESP)
	Francinete Fernandes de Sousa (UEPB)
	Francisco Carlos Duarte (PUCPR)
	Francisco de Assis (Fiam-Faam-SP-Brasil)
	Gláucia Figueiredo (UNIPAMPA/ UDELAR)
	Jacques de Lima Ferreira (UNOESC)
	Jean Carlos Gonçalves (UFPR)
	José Wálter Nunes (UnB)
	Junia de Vilhena (PUC-RIO)
	Lucas Mesquita (UNILA)
	Márcia Gonçalves (Unitau)
	Maria Aparecida Barbosa (USP)
	Maria Margarida de Andrade (Umack)
	Marilda A. Behrens (PUCPR)
	Marília Andrade Torales Campos (UFPR)
	Marli Caetano
	Patrícia L. Torres (PUCPR)
	Paula Costa Mosca Macedo (UNIFESP)
	Ramon Blanco (UNILA)
	Roberta Ecleide Kelly (NEPE)
	Roque Ismael da Costa Güllich (UFFS)
	Sergio Gomes (UFRJ)
	Tiago Gagliano Pinto Alberto (PUCPR)
	Toni Reis (UP)
	Valdomiro de Oliveira (UFPR)
SUPERVISORA EDITORIAL	Renata C. Lopes
PRODUÇÃO EDITORIAL	Bruna Holmen
REVISÃO	Cristiana Leal
DIAGRAMAÇÃO	Andrezza Libel
CAPA	Dani Baum
REVISÃO DE PROVA	Bruna Santos

AGRADECIMENTOS

Esta produção contou com o apoio do Instituto Federal de Educação, Ciência e Tecnologia de Rondônia (IFRO), por meio do Departamento de Pesquisa, Inovação e Pós-Graduação do campus Porto Velho Zona Norte, por intermédio do Edital n.° 23/2021/PVZN – CGAB/IFRO.

NARRATIVA ESTRELAS DO MAR

Era uma vez um escritor que morava em uma tranquila praia, junto de uma colônia de pescadores. Todas as manhãs, ele caminhava à beira do mar para se inspirar, e à tarde ficava em casa escrevendo. Certo dia, caminhando na praia, ele viu um vulto que parecia dançar. Ao chegar perto, reparou que se tratava de um jovem que recolhia estrelas-do-mar da areia para, uma por uma, jogá-las novamente de volta ao oceano.

"Por que está fazendo isso?" – perguntou o escritor.

"Você não vê?" – explicou o jovem. "A maré está baixa, e o sol está brilhando. Elas irão secar e morrer se ficarem aqui na areia."

O escritor espantou-se.

"Meu jovem, existem milhares de quilômetros de praias por este mundo afora, e centenas de milhares de estrelas-do-mar espalhadas pela praia. Que diferença faz? Você joga umas poucas de volta ao oceano. A maioria vai perecer de qualquer forma."

O jovem pegou mais uma estrela na praia, jogou de volta ao oceano e olhou para o escritor.

"Para essa aqui eu fiz a diferença..."

Naquela noite, o escritor não conseguiu escrever, sequer dormir. Pela manhã, voltou à praia, procurou o jovem, uniu-se a ele e, juntos, começaram a jogar estrelas-do-mar de volta ao oceano.

Sejamos, portanto, mais um dos que querem fazer do mundo um lugar melhor.

Sejamos a diferença!

Autor desconhecido

"Há um mar de informações que afoga quem não sabe pensar. O conhecimento ensina a nadar; neste mar não há sala de aula melhor que o navio chamado Biblioteca."

(Filósofo desfragmentador)

APRESENTAÇÃO

O significado etimológico da palavra biblioteca tem origem no grego *bibliotheke*, consequência da união dos vocábulos *biblio* e *tëke*, que, traduzidos, significam livro e depósito, ou seja, depósito de livros. Esses espaços foram, por muito tempo, o local onde eram depositados os conhecimentos produzidos pela humanidade, mas na atualidade muitos são apenas depósitos de livros. Espaços sem objetivo, função e uso.

Biblioteca remete a movimento, circulação de pessoas, conhecimentos. Deve ser um lugar belo, organizado, agradável. Um universo de possibilidades não pode ser sinônimo de depósito (lugar estático, parado, sem vida), mas leve, profundo, misterioso, que remeta ao mar.

A biblioteca deve ser um mar de saberes, leituras, informações, livros, revistas, dicionários, contos, estantes. Fôrmas, um mar de possibilidades. A biblioteca escolar é um mar de aprendizados para quem chega, para quem vai e para quem busca informações e novos saberes ancorados em suas estantes, por meio de seus suportes físicos e digitais (livros, periódicos, dicionários, e-books).

Um espaço que oferece múltiplas possibilidades para a comunidade escolar. Ela não precisa existir por uma mera formalidade ou por força de lei, mas, sim, porque deve ter significado e relevância dentro do ambiente escolar, tendo como objetivo colaborar com o aperfeiçoamento da educação dos discentes, apoiando e auxiliando no processo de ensino e aprendizagem. Assim, é imperativo que gestores, coordenadores pedagógicos, professores, pais e educandos percebam a importância da biblioteca escolar para o desenvolvimento cultural, social e intelectual dos sujeitos que estão ampliando seus conhecimentos nesse ambiente. Que consigam, de forma coletiva, dar significados eficazes à biblioteca e que incentivem o uso desses espaços educativos!

Nessa perspectiva, este plano de ações educativas apresenta sugestões de práticas pedagógicas, que podem ser desenvolvidas ao longo do ano letivo na biblioteca escolar, orientações para a organização do acervo e um instrumental para o controle de empréstimos, pois há escolas onde o registro ainda é feito por meio de anotações em um caderno. Para tanto, é importante a participação dos responsáveis pela biblioteca escolar, dos gestores e dos professores que estão em sala de aula, para que discutam de que forma podem utilizar a biblioteca para desenvolver suas práticas pedagógicas.

Partindo de experiências como docente da rede pública do Estado de Rondônia, como bibliotecária e atualmente como pesquisadora, defendo que a temática Biblioteca Escolar é um assunto que merece atenção não apenas do poder público do Estado de Rondônia, mas também no campo científico.

As possibilidades de práticas pedagógicas aqui apresentadas são indicações de atividades que podem ser desenvolvidas pelos responsáveis por esse espaço educativo em parceria com os docentes. São ações educativas voltadas para alunos do ensino fundamental II (séries finais) e resultado de observações, encontros e oficinas realizadas com o intuito de estimular o uso das bibliotecas escolares como recurso pedagógico para auxiliar no processo de ensino e aprendizagem nas escolas da Rede Estadual do Estado de Rondônia. A pesquisa foi realizada com docentes readaptados de três bibliotecas escolares da cidade de Porto Velho/RO.

 Esse material integra a pesquisa de mestrado intitulada "O professor readaptado na biblioteca escolar: memórias, saberes e práticas educativas", com intenção de contribuir com propostas educativas, práticas na Biblioteca Escolar. Esperamos que a leitura contribua com essas práticas na biblioteca, pois é um espaço democrático que oferece conhecimento de todas as formas para seus usuários.

PREFÁCIO

O Relatório Pisa (Programa Internacional de Avaliação de Estudantes), divulgado em 2019 e referente a 2018, aponta que o Brasil obteve melhores índices nos quesitos Leitura, Matemática e Ciências em relação à edição anterior, de 2015. Entretanto, permanece abaixo da média dos países da Organização para a Cooperação e Desenvolvimento Econômico (OCDE). O programa avalia o desempenho escolar de crianças e adolescentes de até 15 anos de idade em 79 países ou regiões. Fizeram parte dessa avaliação cerca de 600 mil alunos num universo de 32 milhões de estudantes. No Brasil, 11 mil participaram.

Entre 2015 e 2018, o Brasil melhorou seis pontos em Leitura, seis pontos em Matemática e três pontos em Ciências, entretanto permaneceu na 57ª posição em Leitura. Também podemos observar que o nível educacional geral no país "não melhorou em relação ao Pisa de 2015. O índice de Leitura, por exemplo, caiu, nesta edição, para o nível de 2009 (498 pontos)" (Oliveira, 2019).

Esses dados devem nos servir de alerta! Da escola conteudista, intelectualista e enciclopédica, há que se atingir uma escola que, segundo Libâneo (1992, p. 14), garanta "a apropriação dos conteúdos escolares básicos que tenham ressonância na vida dos alunos" e que, "pela intervenção do professor e por sua própria participação ativa", transforme a sua "experiência inicialmente confusa e fragmentada (sincrética)" em uma visão sintética, mais organizada e unificada. Para que a educação atinja patamares mais alentadores e que os estudantes tenham uma aprendizagem "organizada e unificada", mudanças se fazem necessárias, a começar pela própria escola, que deve estar aparelhada para oferecer uma formação de qualidade para os educandos. A biblioteca escolar é um dos espaços que devem contar com uma estrutura e funcionamento adequados para potencializar o desenvolvimento de um projeto político-pedagógico comprometido e competente.

É do conhecimento dos educadores que a existência da Biblioteca Escolar (BE) incide positivamente na qualidade do processo de ensino-aprendizagem. Para tanto, deveria ser um espaço central em toda escola a fim de que houvesse uma oportunidade real para a socialização da leitura pessoal ou compartilhada. A biblioteca é, segundo Hernández Díaz (2018, p. 23-26).):

> [...] un recurso imprescindible para la buena orientación lectora y de motivación cultural de niños y jóvenes. Más allá de representar el lugar físico donde existen espacios para lectura y el encuentro de jóvenes lectores, donde se conservan de forma ordenada y bien clasificados los libros, hoy la biblioteca toma en cuenta el fenómeno del acceso digital a libros y documentos a través de la red-internet, y así se erige en un instrumento cultural multiplicador de cultura para niños y jóvenes.

Destacamos o contributo das bibliotecas escolares para a formação humana, no desenvolvimento das capacidades éticas, estéticas e artísticas de crianças, jovens e adultos. Sendo assim, a presença da biblioteca na escola é uma exigência política, pois é, sobretudo nesse local, que se promove a interação, a criticidade, a criatividade, a inteligência, a integridade psíquica e espiritual dos educandos. Esse desenvolvimento unilateral dos indivíduos, que a biblioteca proporciona, corresponde ao que Adorno (1995) afirma, ou seja, que a educação não deve ser uma tarefa de modelagem de pessoas e nem a escola um local de transmissão de conhecimentos. É preciso que haja a produção de uma consciência verdadeira; isto é, inclusive, uma exigência política (Adorno, 1995).

Para efetivar esse compromisso político com a educação e com os educandos, Perrotti (2016) nos adverte sobre a importância de nos valermos de "novas concepções, práticas, novos dispositivos de educação e cultura, fundamentados no diálogo e atentos não só à produção, disponibilização e acesso às informações, mas à sua apropriação, à sua criação e recriação" (p. 20), referindo-se às bibliotecas no espaço escolar.

Sendo assim, para que essas premissas — assegurar que a biblioteca seja um espaço central na escola, como adverte Hernandez Díaz (2018); garantir a apropriação dos conteúdos escolares básicos que tenham ressonância na vida dos alunos, como assevera Libâneo (1992), procurando salvaguardar o direito à criticidade, a criatividade, a inteligência, a integridade psíquica e espiritual, como proposto por Adorno (1995) e sabedores da importância do diálogo para a apropriação, criação e recriação da informação e da cultura, como assevera Perrotti (2016), é possível estruturar projetos e práticas educativas significativas para e nas bibliotecas escolares.

Para tanto, os educadores devem se empenhar em buscar conhecer a importância e o lugar das bibliotecas. Não apenas improvisar espaços com livros nas escolas. É preciso informar-se sobre os resultados das pesquisas que discutem, analisam e propõem transformações nas práticas pedagógicas escolares, especialmente aqueles estudos desenvolvidos a partir da pesquisa-ação, que possibilitam a reflexão sobre estudos teóricos, resultados de pesquisas e políticas educacionais voltados para a educação de modo geral, em suas etapas e modalidades, que discutem estudos teóricos e apresentam resultados de pesquisas relacionadas à biblioteca escolar como espaço de relações sociais, políticas e pedagógicas, como o lugar privilegiado para a discussão e construção de práticas de leitura, de escrita e de interpretação que concorrem para a produção e formação do leitor crítico e criativo.

Todas essas contribuições nos permitem compreender o oportuno e pertinente lançamento de *Mar de aprendizados, ancoragens educativas: possibilidades de ações pedagógicas na biblioteca escolar*, fruto da reflexão, da pesquisa e do posicionamento político-pedagógico de sua autora que muito contribuirá para a análise e os trabalhos a serem desenvolvidos nas bibliotecas escolares, sobretudo das escolas públicas, as que mais demandam por orientações, reflexões e caminhos a trilhar.

Espera-se que o resultado deste trabalho de investigação e uma das exigências do Mestrado Profissional em Educação Escolar (PPGEEProf), da Universidade Federal de Rondônia (UNIR), torne-se apoio referencial para outros pesquisadores brasileiros e que a ação de pesquisar torne-se um articular e construir conhecimentos de viés crítico e inovador, como forma de enfrentar o atual contexto e sustentar possibilidades de forma a alcançar a universalização de uma educação capaz de superar as dificuldades encontradas.

10 de janeiro de 2022.

Prof.ª Dr.ª Jussara Santos Pimenta

REFERÊNCIAS

ADORNO, Theodor. **Educação e Emancipação**. Rio de Janeiro: Paz e Terra, 1995.

DÍAZ, Hernández José María. Bibliotecas escolares, innovacion pedagógica y cultura escolar: um reto inaplazable de la cultura de nuestro tempo. *In:* PIMENTA, Jussara Santos *et al.* (org.). **Biblioteca escolar**: memória, práticas e desafios. Curitiba: CRV, 2018. p. 23-26.

LIBÂNEO, José Carlos. **Tendências pedagógicas na prática escolar**. Democratização da Escola Pública – a pedagogia crítico-social dos conteúdos. São Paulo: Loyola, 1992.

OLIVEIRA, Luciana. **Brasil está abaixo da média da OCDE em Educação**. Blog da Luciana Oliveira, São Paulo, 3 dez. 2019. Disponível em: https:https://blogdalucianaoliveira.com.br/blog/2019/12/03/brasil-esta-abaixo-da-media-da-ocde-em-educacao/. Acesso em: 8 out. 2021.

PERROTTI, Edmir. Mediação cultural: além dos procedimentos. *In:* Salcedo, Diego Andres (org.). **Mediação cultural**. São Carlos: Pedro & João Editores, 2016.

SUMÁRIO

A biblioteca escolar: conceitos, missão, função e objetivos 23

Possibilidades de práticas pedagógicas 35

Outras possibilidades na biblioteca escolar 59

Sugestão para organização do acervo 63

Instrumental para controle de empréstimos na biblioteca 73

Considerações finais 77

Referências 83

A BIBLIOTECA ESCOLAR: CONCEITOS, MISSÃO, FUNÇÃO E OBJETIVOS

O que é biblioteca escolar?

Figura 1 – Atividade na biblioteca com alunos do 6° ano

Fonte: arquivo da autora

A biblioteca da escola é o espaço, por excelência, para o desenvolvimento de atividades de produção do conhecimento, que coloca o aluno no centro do processo de aprendizagem (Campello, 2010, p. 26).

É um espaço de estudo e construção do conhecimento, que coopera com a dinâmica da escola, desperta interesse intelectual, favorece o enriquecimento cultural e incentiva a formação do hábito da leitura (Côrte; Bandeira, 2011, p. 8).

É um espaço de apoio educacional, didático, pedagógico e cultural. Atua como um elemento de ligação entre professor e aluno na elaboração das leituras e pesquisas, busca sempre uma melhor metodologia de transmissão do conhecimento com o propósito de e influenciar o gosto pela leitura tornando o aluno mais conhecedor na realidade que se encontra. (Leite *et al.*, 2013, p. 7).

A biblioteca escolar é uma instituição eminentemente educativa e cultural. Ela é a representação do conheci-

Figura 2 – Atividade na biblioteca com alunos do 6° ano

Fonte: arquivo da autora

mento científico, literário, artístico, histórico da humanidade e tem como principal meta estimular a leitura (Chagas, 2016).

De acordo com a Organização das Nações Unidas para a Educação, a Ciência e a Cultura (UNESCO) e International Federation of Library Associations and Institutions (IFLA) (2005), é de imensurável importância para o desenvolvimento dos aprendizes ao longo da vida realizar atividades nas bibliotecas de forma dinâmica, com política de marketing, com a promoção de exposições, de feiras de livros, de campanhas de leitura e capacitação em informação.

Segundo o Manifesto da Organização das Nações Unidas para a Educação, a Ciência e a Cultura (UNESCO, 1994), a biblioteca escolar fornece informação e ideias que são fundamentais para o funcionamento com sucesso em nossa sociedade contemporânea com base em informações e conhecimento. Ela proporciona aos alunos competências para a aprendizagem ao longo da vida e ajuda a desenvolver a imaginação, permitindo-lhes realizar-se na vida como cidadãos responsáveis.

Objetivos básicos da biblioteca escolar

De acordo com Hillesheim e Fachin (1999, p. 68), os objetivos básicos da biblioteca escolar são:

✓ Ampliar conhecimentos, visto ser uma fonte cultural;

✓ Colocar à disposição dos alunos um ambiente que favoreça a formação e o desenvolvimento de hábitos de leitura e pesquisa;

✓ Oferecer aos professores o material necessário à implementação de seus trabalhos e ao enriquecimento de seus currículos escolares;

✓ Colaborar com o processo educativo, oferecendo modalidades de recursos, quanto à complementação de ensino-aprendizagem, dentro dos princípios exigidos pela moderna pedagogia;

✓ Proporcionar a professores e alunos condições de constante atualização de conhecimento em todas as áreas do saber;

- ✓ Conscientizar os alunos de que a biblioteca é uma fonte segura e atualizada de informações;
- ✓ Estimular nos alunos o hábito de frequência a outras bibliotecas em busca de informações e/ou lazer;
- ✓ Integrar-se com outras bibliotecas, proporcionando intercâmbios culturais, recreativos e de informações.

Funções da biblioteca escolar

As funções da biblioteca escolar servem de alicerce para o desempenho dos seus objetivos e do seu papel dentro da instituição de ensino. São três as funções básicas da biblioteca escolar (Hillesheim; Fachin, 1999, p. 69-70):

* Função educativa

Serve de suporte no desenvolvimento de atividades curriculares para a melhoria do ensino, funcionando como instrumento de formação do indivíduo.

* Função cultural e social

É um espaço em que os produtos da cultura (livros, jornais, revistas, gibis, mapas etc.) são disponibilizados para a comunidade escolar, ou até para a comunidade em geral, possibilitando o acesso à informação e a transmissão de conhecimento por meio da convivência entre pessoas de diferentes faixas etárias, raças, classes sociais e experiências.

* Função recreativa/educativa

Permite que o usuário construa um novo conceito de biblioteca e passe a frequentá-la não apenas por obrigação, mas também por lazer e prazer; estimulando o gosto pela leitura desde os primeiros anos escolares da criança.

Segundo o Manifesto da UNESCO, elaborado pela IFLA, em sua Conferência Geral, a biblioteca escolar tem a seguinte missão (2000, p. 1):

> [...] promover serviços de apoio à aprendizagem e livros aos membros da comunidade escolar, oferecendo-lhes a possibilidade de se tornarem pensadores críticos e efetivos usuários da informação, em todos os formatos e meios. As bibliotecas escolares ligam-se às mais extensas redes de bibliotecas e de informação, em observância aos princípios do Manifesto UNESCO para Biblioteca Pública.

O Manifesto da UNESCO/IFLA é um documento norteador para organização e funcionamento das bibliotecas escolares no mundo inteiro. No Brasil, esse documento pode ser utilizado como parâmetro em todas as bibliotecas, respeitando as especificidades e realidade de cada lugar. Ele aborda também componentes relevantes, como: missão da biblioteca escolar; financiamento, legislação e redes; objetivos; pessoal; serviços e gestão e aplicação do manifesto.

Desse modo, a biblioteca escolar deve ser um espaço que oferece múltiplas possibilidades para a comunidade escolar. Ela não precisa existir por uma mera formalidade, e sim porque deve ter significado e relevância dentro da instituição, tendo como objetivo a colaboração para o aperfeiçoamento da educação dos discentes, devendo apoiar e auxiliar no processo de ensino e aprendizagem. É imperativo que a biblioteca escolar ocupe um lugar de destaque dentro do ambiente escolar, ou seja, que seja vista como um espaço agradável, atrativo e mediador do ensino, despertando nos educandos a busca por conhecimentos além da sala de aula.

Deve ser o coração da escola e atuar de forma dinâmica, com olhar e essência pedagógica. Ela precisa também servir como suporte para os docentes; suas possibilidades de práticas pedagógicas devem ser exploradas, pois têm um grande potencial para agregar significativamente o ambiente escolar. Para tanto, é necessário que seja utilizada de maneira planejada, uma vez que deve estar integrada ao ambiente escolar, e não ser apenas um local isolado e sem função.

A lei n.º 12.244, de 24 de maio de 2010, que trata sobre a universalização da biblioteca escolar no Brasil

No Brasil, visando garantir a implementação e o funcionamento da biblioteca escolar, em 2010, foi instituída a Lei n.º 12.244/2010, que determina a obrigatoriedade das bibliotecas escolares nas instituições de ensino básico no país, tanto nas escolas públicas quanto nas escolas privadas. Determina também que haja um profissional bibliotecário responsável por ela. As escolas triam o prazo de dez anos para se adequar à norma. Segundo o terceiro parágrafo da Lei n.º 12.244/10:

> Os sistemas de ensino do País deverão desenvolver esforços progressivos para que a universalização das bibliotecas escolares, nos termos previstos nesta Lei, seja efetivada num prazo máximo de dez anos, respeitada a profissão de Bibliotecário, disciplinada pelas Leis nos 4.084, de 30 de junho de 1962, e 9.674, de 25 de junho de 1998. (Brasil, 2010)

Após 13 anos da criação da lei, a realidade da biblioteca escolar no Brasil não teve alteração, uma vez que, em muitos lugares, ela permanece como espaço ocioso, improvisado, que serve como depósito de livros didáticos e que dificulta o uso pelos alunos e professores como recurso pedagógico. Em algumas escolas, a infraestrutura não permite a entrada e a permanência de uma turma inteira com 25 alunos em média.

Assim, solidificar a ideia sobre a importância da biblioteca escolar é um desafio. É preciso encontrar uma maneira de inseri-la nas atividades do calendário escolar por meio de ações que envolvam docentes, alunos, gestão e coordenação pedagógica, levando em conta as especificidades e realidade de cada ambiente escolar.

POSSIBILIDADES DE PRÁTICAS PEDAGÓGICAS

Explorando as possibilidades da biblioteca escolar

- ✓ Autor do mês
- ✓ Clube do livro
- ✓ Contação de histórias
- ✓ Murais temáticos
- ✓ Exposições
- ✓ Pesquisa escolar
- ✓ Projetos de leitura
- ✓ Projetos interdisciplinares
- ✓ Semana da Biblioteca e do Livro

(Re)conhecendo a biblioteca escolar por meio da contação de histórias

Objetivo: fazer com que os alunos compreendam as características dos gêneros conto e fábula. Por meio dos elementos que estruturam a narrativa (personagens, cenários, enredo e foco narrativo), dialogar com os educandos sobre a importância de ler e contar histórias, introduzir os gêneros conto e fábula e exemplificar a distinção entre eles.

Nessa atividade, pode-se trabalhar com os alunos, por meio da contação de histórias, como é a organização e o funcionamento da biblioteca.

O ideal é que a proposta seja desenvolvida no início do ano letivo.

Materiais: livros de literatura com as histórias: "Biblioteca??? Uma biblioteca pode fazer milagres!" (Fábula) e "Na Porta da Padaria" (conto).

Lápis de cor, papel sulfite, fantoches com os personagens da história.

Desenvolvimento da atividade: agendar o espaço da biblioteca, combinar com o professor das disciplinas de Arte ou Língua Portuguesa para realizar a proposta.

Antes de iniciar, organizar o espaço. É importante ter um cenário para fazer a contação de histórias com fantoches para despertar a curiosidade dos alunos.

Contar a história: "Biblioteca??? Uma biblioteca pode fazer milagres!"

Figura 3 – Capa do livro *Biblioteca???Uma biblioteca pode fazer milagres*

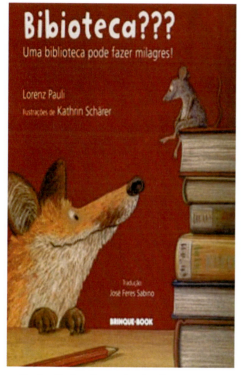

Fonte: divulgação no *site* da Editora Saraiva

Perguntar qual a relação entre a história e o espaço onde eles estão?

O responsável pela biblioteca apresenta o espaço e explica o funcionamento da biblioteca, as regras, os dias e o horário de funcionamento.

Apresentar o acervo e como está organizado.

Orientações sobre os empréstimos domiciliares (número de livros que podem levar, prazos e o cuidado com os livros).

Fazer uma breve explicação sobre os gêneros literários conto e fábula, suas características e a distinção entre eles.

Finalizar pedindo que os educandos produzam uma história após as correções dos textos.

Incentivar o empréstimo de obras de contos e fábulas.

Contação de história na biblioteca escolar

Figura 4 – Contação de histórias na biblioteca escolar

Fonte: arquivo da autora

DICAS DE LEITURAS:

AGUIAR, Vera Teixeira de *et al.* **Era uma vez... na escola**: formando educadores para formar leitores. Belo Horizonte: Formato Editorial, 2001.

BAJOUR, Cecília. **Ouvir nas entrelinhas**: o valor da escuta nas práticas de leitura. Tradução de Alexandre Morales. São Paulo: Editora Pulo do Gato, 2012.

COELHO, Betty. **Contar histórias**: uma arte sem idade. São Paulo: Ática, 2001.

FREIRE, Paulo. **A importância do ato de ler**: em três artigos que se completam. São Paulo: Cortez, 1994.

COLOMER, Teresa. **Andar entre livros**: a leitura literária na escola. Tradução de Laura Sandroni. 1. ed. São Paulo: Global, 2007.

GARCIA, Walkíria; GARCIA, Osório. **Histórias e oficinas pedagógicas**. 2 ed. Belo Horizonte: Fapi, 2003. (Série Baú do contador de história, v. 5).

Ivan & Marcelo. Na porta da padaria. São Paulo: Scpione, 1993.

PAULI, Lorenz. **Biblioteca**??? Uma biblioteca pode fazer milagres! São Paulo: Brinque-Book, 2012.

VOLMER, Lovani; KUNZ, Marines Andréa. Biblioteca, que espaço é esse? **Revista Prâksis**, Novo Hamburgo, v. 2, p. 29-34, ago. 2009. Disponível em: https://periodicos.feevale.br/seer/index.php/revistapraksis/article/view/675. Acesso em: 31 maio 2019. DOI: https://doi.org/10.25112/rp.v2i0.675.

ZILBERMAN, Regina. **A literatura infantil na escola**. 11. ed. São Paulo: Global, 2003.

Escritores da literatura infantojuvenil brasileira

Objetivo: incentivar a leitura, a pesquisa e, dessa forma, elencar com os alunos alguns escritores da literatura infantojuvenil brasileira para estimular a circulação de alunos na biblioteca e o empréstimo de obras.

Pesquisar, no acervo da biblioteca, obras de escritores da literatura infantojuvenil brasileira e anotar as seguintes informações:

- autor;
- título da obra;
- ano da publicação.

Posteriormente, dividir a turma cinco grupos de acordo com os autores encontrados no acervo da escola.

(Os autores a seguir são sugestões e cada biblioteca tem sua especificidade e diversidade em relação ao acervo):

- Ana Maria Machado;
- Cecília Meireles;

Figura 5 – Colagem das capas dos livros das leituras sugeridas

Fonte: *site* de divulgação das editoras dos livros

✓ **Pedro Bandeira;**

✓ Monteiro Lobato;

✓ Nair Gurgel;

✓ Ruth Rocha;

✓ Ziraldo.

Separar, no acervo da biblioteca, os livros dos autores com os quais se deseja desenvolver a atividade.

Após o levantamento das informações, sugerir que os grupos pesquisem a biografia do autor escolhido e que, posteriormente, elaborem cartazes com a biografia, as obras e os principais personagens dos autores.

Pedir que pesquisem as principais obras e personagens desses autores e que posteriormente produzam um vídeo com essas informações.

Orientar a pesquisa e supervisionar as produções dos vídeos.

Solicitar que os grupos apresentem os vídeos.

Organizar após as apresentações, um mural com as informações sobre os autores e deixar exposto na biblioteca.

Incentivar o empréstimo das obras dos autores de literatura infantojuvenil disponíveis na biblioteca.

Preparar marcadores de páginas e entregar para os alunos no final da atividade.

DICAS DE LEITURAS:

AMARAL, Nair Ferreira Gurgel do. **Encantos do rio Madeira**: histórias ribeirinhas. Porto Velho: Temática, 2018.

BANDEIRA, Pedro. **A mentira cabeluda**. São Paulo: Editora Moderna. 2012.

BORDINI, Maria da Glória; AGUIAR, Vera Teixeira de. **A formação do leitor**: alternativas metodológicas. Porto Alegre: Mercado Aberto, 1988.

COLOMER, Teresa. **A formação do leitor literário**: narrativa infantil e juvenil atual. Tradução de Laura Sandroni. São Paulo: Global, 2003.

COSSON, Rildo. **Letramento literário**: teoria e prática. 2. ed. São Paulo: Contexto, 2016.

CUNHA, Maria Zilda da. Poesia. *In*: GREGORIN FILHO, José Nicolau (org.). **Literatura infantil em gêneros**. São Paulo: Editora Mundo Mirim, 2012.

LOBATO, Monteiro. **A chave do tamanho**. São Paulo: Globo, 2008.

MACHADO, Ana Maria. **Menina bonita do laço de fita**. 7. ed. São Paulo: Ática, 2000.

MEIRELES, Cecília. **Ou isto ou aquilo**. *In*: AYALA, Walmir (org.). 7. ed. São Paulo: Global, 2012.

ROCHA, Ruth. **Marcelo, marmelo, martelo e outras histórias**. 2. ed. 57 impr. Rio de Janeiro: Salamandra, 1999.

SILVEIRA, Cristina. **Ziraldo na sala de aula**. São Paulo: Melhoramentos, 2009.

ZILBERMAN, Regina. **A Literatura Infantil na escola**. 10. ed. São Paulo: Global, 1998.

Fake news: a pesquisa na biblioteca e fontes de informações confiáveis

Objetivos: trabalhar o gênero notícia, no espaço da biblioteca, e conhecer fontes de informações confiáveis por meio de textos jornalísticos e notícias nas redes sociais, identificando notícias sensacionalistas e *fake news*.

Fazer o levantamento das fontes de informações que fazem parte do acervo da biblioteca.

Separar revistas, dicionários, livros e outras fontes de informações existentes na biblioteca e explicar a função e a relevância delas mesmo tendo acesso a elas na internet.

Fazer os questionamentos iniciais com os alunos:

O que são fontes de informações confiáveis?

Vocês costumam compartilhar informações nas redes sociais sem conferir a veracidade delas?

Vocês sabem o significado da expressão *fake news*?

Ouvir os educandos e, em seguida, projetar o significado existente no Dicionário Collins de quando e por que surgiu esse termo.

Apresentar exemplos históricos de notícias falsas e discutir os impactos delas.

Figura 6 – Exemplos de fontes de informação confiáveis

Fonte: BBC News Brasil

Pode-se trabalhar a Revolta da Vacina, fazer toda a contextualização histórica e relacionar com as *fake news* sobre algumas vacinas disseminadas atualmente no Brasil e suas consequências.

Promover uma roda de conversa com os alunos acerca das consequências desse tipo de notícia (ouvir a opinião deles).

Projetar os memes sobre *fake news* disponíveis no *site* da página "Fake ou News: é Falso ou é Notícia?"

Projetar a imagem sobre fontes de informações do *site* da BBC News e questionar quais eles acham que são confiáveis.

Informar sobre a importância de consultar as fontes das notícias, principalmente as publicadas nas redes sociais, dessa forma prevenir a disseminação das notícias falsas.

Solicitar que os alunos façam vídeos sobre *fake news* e apresentem para a turma.

DICAS DE LEITURAS:

BUSSULAR, Luis Filipe. O impacto das Fake News na vida em sociedade. **Jusbrasil**, maio 2018. Disponível em: https://lfbussular.jusbrasil.com.br/artigos/577903609/o-impacto-dasfake-news-na-vida-em-sociedade. Acesso em: 20 abr. 2019.

CAMPOS, Lorraine Vilela. O que são Fake News? **Brasil Escola**, [2024]. Disponível em: https://brasilescola.uol.com.br/curiosidades/o-que-sao-fake-news.htm. Acesso em: 7 maio 2019.

CANOSSA, Carolina. Pizzagate: o escândalo de fake news que abalou a campanha de Hillary. **Superinteressante**, abr. 2018. Disponível em: https://super.abril.com.br/mundo-estranho/pizzagate-o-escandalo-de-fake-news-que-abalou-a-campanha-de-hillary. Acesso em: Acesso em: 19 jun. 2019.

D'ACONA, Matthew. **Pós-verdade**: a nova guerra contra os fatos em tempos de fake news. Tradução de Carlos Szlak. Barueri: Faro Editorial, 2018.

LOS ESPAÑOLES ve las 'fake news' como un problema para la democracia. **DCLM.ES**, 2019. Disponível em: https://www.dclm.es/noticias/83129/los-espanoles-ve-las-fake-news-como-un-problema-para-la-democracia. Acesso em: 20 abr. 2019.

OFICINA de Leitura Crítica de Notícias da BBC News. **BBC News Brasil**, 2019. Disponível em: https://www.bbc.com/portuguese/geral-47444593. Acesso em: 20 abr. 2019.

SALAS, Paula. Cuidado com a fábrica de mentiras. **Nova Escola**, São Paulo, ed. 312, p. 18-21, maio 2018.

SUNSTEIN, Cass. **A verdade sobre os boatos**: como se espalham e como acreditamos neles. Rio de Janeiro: Elsevier, 2010.

Biblioteca também é lugar de história

Figura 7 – Bibliotecas da cidade de Fortaleza/CE

Fonte: arquivo da autora

Objetivo: integrar os alunos ao ambiente da biblioteca, valorizar o acervo da biblioteca e exercitar a prática da pesquisa orientada.

O professor da disciplina de História deve planejar essa atividade em parceria com o responsável pela biblioteca.

Reservar o espaço com antecedência e solicitar que os livros mais antigos da biblioteca sejam separados e sinalizados para essa atividade, que pode ser realizada nas primeiras aulas no início do ano letivo, pois geralmente os alunos ainda não receberam os livros didáticos. Então é uma boa oportunidade para incentivar e orientar a pesquisa na biblioteca.

Começar dialogando acerca do conhecimento e da compreensão dos alunos sobre a disciplina, suas expectativas e seu interesse pela História.

O professor e o responsável pela biblioteca podem mostrar as enciclopédias que fazem parte do acervo

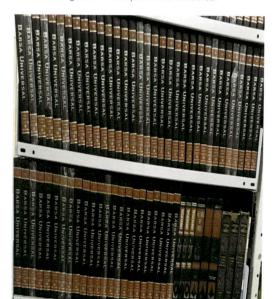

Figura 8 – Coleção Barsa Universal

Fonte: arquivo da autora

e explicar que, não faz muito tempo, essa era forma mais utilizada para pesquisar, que a coleção era cara e que nem todos tinham condições de comprar, por isso era um dos materiais mais procurados como fonte de pesquisa.

Solicitar que os alunos escolham livros que fazem parte do acervo da biblioteca. A partir dessas escolhas, pedir que preencham uma ficha (elaborada previamente pelo professor) com dados sobre a obra, como título, autor, ano e local de publicação.

Nesse momento, o professor pedirá que os alunos façam individualmente uma breve descrição da obra que escolheram. No final das descrições, deve fazer o seguinte questionamento:

Qual é a importância da disciplina de História e por que devemos aprender os fatos históricos?

Finalizar pedindo que os alunos pesquisem os principais acontecimentos históricos no ano de publicação do livro e que preparem uma apresentação com dois slides para a próxima aula.

DICAS DE LEITURAS:

BATISTA, Antônio Augusto Gomes (coord.). **Currículos para os anos finais do ensino fundamental**: concepções, modos de implantação e usos. Relatório final de pesquisa. São Paulo: Cenpec, 2015.

BITTENCOURT, Circe Maria Fernandes. **Ensino de História**: fundamentos e métodos. 4. ed. São Paulo: Cortez, 2011.

GIL, Carmem Zeli de Vargas; ALMEIDA, Doris Bittencourt. **Práticas Pedagógicas em História**: espaço, tempo e corporeidade. São Paulo: Edelbra, 2012.

KARNAL, Leandro (org.). **História na sala de aula**: conceitos, práticas e propostas. São Paulo: Contexto, 2005.

Aspectos históricos e culturais do folclore da região norte

Figura 9 – Divulgação do Festival Flor do Maracujá

Fonte: *site* Governo do Estado de Rondônia

Objetivos: valorizar, de acordo com a Lei n.º 11.645/2008, a contribuição da cultura afro-brasileira e indígena para a cultura brasileira, trabalhando aspectos históricos e culturais da Região Norte do Brasil e seus estados.

Iniciar o trabalho com as manifestações folclóricas regionais projetando imagens das principais lendas do folclore da Região Norte, como a lenda do Boitatá, do Boto, da Mandioca e da Sucupira.

Conversar sobre as manifestações folclóricas da Região Norte e apontar as manifestações específicas de alguns Estados.

Destacar nos encontros a variedade de eventos culturais da Região Norte e solicitar que os educandos pesquisem alguns desses vários elementos que compõem a cultura regional no acervo da biblioteca, como:

- ✓ festas populares;
- ✓ danças folclóricas;
- ✓ comidas típicas;
- ✓ escritores regionais;
- ✓ personagens do folclore regional.

Depois da pesquisa, os alunos devem ser divididos em grupos para apresentarem as manifestações folclóricas regionais.

As apresentações deverão ser feitas na biblioteca com retroprojetor ou em formato de exposições contendo os tópicos pesquisados. As temáticas serão diferentes, por isso os temas serão definidos no dia da pesquisa.

Figura 10 – Festival de Parintins: Bois Caprichoso e Garantido

Fonte: https://www.amazonasemais.com.br

DICAS DE LEITURAS:

AZEVEDO, Ricardo. **Meu livro de folclore**. São Paulo: Ática, 2003.

BRANDÃO, Carlos Rodrigues. **O que é folclore**. São Paulo: Brasiliense, 1982.

BEZERRA, Ararê Marrocos; PAULA, Ana Maria T. de. **Lendas e mitos da Amazônia**. Rio de Janeiro: Demec, 1985.

CASCUDO, Câmara. **Dicionário do folclore brasileiro**. Rio de Janeiro: Editora Publicação S/A: CEJUP, 1995.

DANTAS, Tiago. Vitória-régia. **Brasil Escola**, [2024]. Disponível em: https://brasilescola.uol.com.br/folclore/vitoria-regia.htm. Acesso em: 8 abr. 2019.

FRANCISCO, Wagner de Cerqueira e. Aspectos Culturais da Região Norte. **Brasil Escola**, [2024]. Disponível em: https://brasilescola.uol.com.br/brasil/aspectos-culturais-regiao-norte.htm. Acesso em: 7 abr. de 2019.

MACHADO, Abmael. **Pequeno ensaio sobre as lendas e folclore de Rondônia**. *[S. l.: s. n]*.,1987.

MELLO, Roger. **Uma história de Boto Vermelho**. 3. ed. Rio de Janeiro: Salamandra, 1995.

Projeto interdisciplinar sobre a consciência negra: a trajetória do negro na literatura brasileira

Figura 11 – Obras de literatura infantojuvenil com negros

Fonte: capa das obras de literatura disponíveis no *site* da Amazon

Objetivo: criar, na biblioteca escolar, um espaço para discussão e reflexão sobre a temática racial, a partir da leitura de obras e textos literários disponíveis no acervo bibliográfico e, dessa forma, colaborar com o cumprimento da Lei n.° 10.639/2003, em virtude da grande relevância da temática para o ambiente escolar.

Será necessário elaborar um cronograma para que o projeto inicie duas ou três semanas antecedentes ao Dia da Consciência Negra, data proposta para a culminância do projeto. Assim, os alunos poderão pesquisar, ler as obras selecionadas e adquirir conhecimento de literaturas que favoreçam o enriquecimento do tema em questão.

É importante destacar que, quando a escola desenvolve projetos e atividades sobre diversidade e inclusão, algumas barreiras podem ser transpostas, um preconceito pode ser combatido, novas relações podem ser estabelecidas e tornarem-se mais humanas e igualitárias. A construção do conhecimento ganha novos sentidos e, consequentemente, a aprendizagem passa a ser mais significativa.

A proposta pode envolver as seguintes disciplinas: Arte, Filosofia, História, Língua Portuguesa e Sociologia.

Analisar como o negro era retratado nos clássicos da literatura brasileira e como é retratado na atualidade:

- ✓ sondagem com os educandos sobre obras que retratam o negro na literatura brasileira;
- ✓ discussão sobre a sondagem realizada com os alunos;
- ✓ levantamento de obras com essa temática no acervo da biblioteca e seleção das que podem ser trabalhadas;
- ✓ organização dos alunos em grupos e atribuição de uma obra para cada grupo sobre a temática do projeto;

Solicitar que os grupos apresentem suas obras e sistematizem com os seguintes itens: apresentação da obra; autor, ano da publicação do livro e forma como o negro é retratado na obra literária.

Promover, após as apresentações, um debate sobre as obras apresentadas.

Conversar e refletir sobre as diferenças e a luta dos negros por seu espaço na sociedade e como surgiu o Dia da Consciência Negra.

Finalizar organizando um estande com livros literários e paradidáticos que abordem a temática racial. Indicar aos alunos que elaborem individualmente poesias, músicas ou textos argumentativos sobre os temas estudados e confeccionar coletivamente um painel com imagens de personalidades negras brasileiras para ficarem expostos na biblioteca.

Sugestão de obras de Literatura para o projeto:

- *A Escrava Isaura*, de Bernardo Guimarães;
- *O Cortiço*, de Aluísio Azevedo;
- *Clara dos Anjos*, de Lima Barreto;
- *Heroínas negras brasileiras*, de Jarid Arraes;
- *O que há de África em nós*, de Wlamyra Albuquerque;
- *Que cor é a minha cor?*, de Martha Rodrigues;
- *Meu crespo é de rainha*, de Bell Hooks;
- *Minha mãe é negra sim!*, de Patrícia Santana;
- *Lápis cor de pele*, de Daniela de Brito;
- *Dandara seus cachos e caracóis*, de Maíra Suertegaray;
- *A cor da ternura*, de Geni Guimarães.

OUTRAS POSSIBILIDADES NA BIBLIOTECA ESCOLAR

Figura 12 – Prática pedagógica na biblioteca escolar

Fonte: arquivo da autora

- ✓ **Projetos de leitura:** elaborar, em parceria com os professores de Língua Portuguesa e Arte, projetos voltados para a prática de leitura.

- ✓ **Mural temático:** organizar exposições de murais com temas relevantes para o espaço escolar, como autores da Literatura Brasileira, Setembro Amarelo, bullying, meio ambiente, semana da pátria, Olimpíadas, história regional, entre outros.

- ✓ **Leitor do mês:** fazer o levantamento mensal de empréstimos e providenciar um lugar de destaque com os nomes dos três alunos que fizerem mais empréstimos na biblioteca.

- ✓ **Clube de Leitura:** criar um grupo de leitores que se reúnam uma vez por mês para debater uma obra literária.

- ✓ **Campanha para arrecadação de livros de literatura:** como os acervos das bibliotecas escolares não são atualizados periodicamente, é possível organizar campanhas para a arrecadação de livros junto à comunidade escolar.

- ✓ Escolher um nome para a biblioteca: fazer um concurso e movimentar a escola para escolher um nome que tenha relação com a identidade e história da escola. Providenciar um regulamento para essa atividade e uma premiação para o vencedor.
- ✓ Semana da biblioteca e do livro: promover, no mês de outubro, atividades de incentivo à leitura, que estimulem a presença dos alunos na biblioteca, como rodas de conversa com autores regionais, sessões de cinema e outras atividades culturais.

SUGESTÃO PARA ORGANIZAÇÃO DO ACERVO

Para colaborar com o processo educativo, a biblioteca escolar deve ser organizada de modo a facilitar o acesso dos alunos às suas fontes de informações. Para tanto, é essencial preparar esses usuários para que tenham autonomia na localização dos assuntos de interesse nas estantes da biblioteca.

Cada instituição de ensino possui autonomia para organizar o acervo, desde que esse método seja adequado aos usuários. Por isso, é importante que os responsáveis pela biblioteca conheçam as necessidades informacionais dos seus usuários e tenham critérios para organizar o acervo. É preciso ter cuidado no momento de separar os materiais por tipologias, como CDs, dicionários, DVDs, Enciclopédias, livros de literatura, livros didáticos, livros paradidáticos, mapas, periódicos especializados e VHS/Fitas, pois algumas escolas ainda têm esses materiais em seus acervos.

Uma opção é fazer a classificação do acervo pelas disciplinas lecionadas na escola como: Arte, Língua Inglesa, Espanhol, Educação Física, Língua Portuguesa, História, Geografia, Filosofia, Sociologia, Biologia, Física e Química.

Nessa perspectiva, em 2009, a professora do curso de Biblioteconomia da Universidade Federal do Mato Grosso do Sul Maria Inês Pinheiro implementou uma nova organização dos acervos das bibliotecas escolares, inicialmente nas escolas da rede pública da cidade de Rondonópolis (MS). Ela criou uma metodologia para a organização do acervo, atribuindo cores aos gêneros literários e aos livros paradidáticos. "Salienta-se que a metodologia utilizada além de ser inovadora no meio escolar, buscou um meio de propiciar independência às crianças na procura dos livros e facilitar aos professores a recuperação da informação" (Pinheiro, 2009, p. 164).

Essa metodologia de organização por cores se baseou na Classificação Decimal Universal (CDU), um sistema de classificação documentária desenvolvido pelos belgas Paul Otlet e Henri la Fontaine no final do século XIX, que é muito utilizado na organização dos acervos das bibliotecas universitárias e especializadas.

Figura 13 – Organização dos gêneros literários em cores

Fonte: Pinheiro (2009, p. 170)

Figura 14 – Organização de livros didáticos e paradidáticos em cores

Fonte: Pinheiro (2009, p. 170)

Nesse sentido, é preciso que a organização do acervo das bibliotecas escolares, que têm como público-alvo alunos de ensino fundamental e médio, seja feita utilizando o sistema de organização por cores conforme os gêneros literários, livros didáticos e paradidáticos. Deve-se atribuir uma classificação para as obras de referência, pois há muitas enciclopédias, dicionários e periódicos nos acervos das bibliotecas escolares. Esse sistema facilita a localização dos assuntos.

Figura 15 – Exemplo de acervo organizado pelo gênero literário em cores

Fonte: arquivo da autora

Figura 16 – Exemplo de acervo organizado pelo gênero literário em cores

Fonte: arquivo da autora

Figura 17 – Literatura juvenil (cor laranja)

Fonte: arquivo da autora

Figura 18 – Literatura juvenil (cor verde)

Fonte: arquivo da autora

Figura 19 - Exemplo de organização do acervo sem atribuição de cores

Fonte: arquivo da autora

Figura 20 - Organização do acervo sem atribuição de cores

Fonte: arquivo da autora

A organização do acervo das duas bibliotecas que agruparam o acervo por cores foi feita da maneira descrita a seguir.

Atribuiu-se, aleatoriamente, uma cor para um gênero literário; não há nessa organização relação com a classificação por cores de Pinheiro (2009).

É possível verificar, na Figura 12, que os livros dos gêneros crônicas e contos receberam a cor vermelha; as obras desses gêneros receberam essa indicação nas lombadas dos livros e nas prateleiras. Já na classificação da professora Pinheiro, o vermelho foi atribuída a obras dos gêneros drama e teatro.

Na Figura 16, os livros do gênero romance/ficção estão sinalizados com a cor rosa, enquanto, na classificação em cores, essa tonalidade é para poesias, poemas e versos.

Nas Figuras 17 e 18, a cor laranja identifica os livros juvenis, e a verde, os infantis. Nas classificação de Pinheiro, laranja foi atribuída a novelas e verde, romances.

Nas Figuras 19 e 20, o acervo da biblioteca não foi organizado por cores, apenas por assuntos. Contudo, quando a biblioteca é voltada para alunos do ensino fundamental (séries iniciais e finais), a organização do acervo por cores facilita a localização dos materiais nas estantes pelos alunos.

Quando a biblioteca decidir usar o sistema de classificação por cores, é preciso considerar a necessidade de estabelecer uma legenda que identifique a cor escolhida para um determinado assunto, ou seja, colocar, na parte inferior da lombada do livro, a cor do assunto e identificar, na prateleira e na parte frontal da estante, assim facilita o encontro da obra desejada.

INSTRUMENTAL PARA CONTROLE DE EMPRÉSTIMOS NA BIBLIOTECA

CONTROLE DIÁRIO DE EMPRÉSTIMO

Aluno	Série/Turma	Título do livro	Data do Empréstimo	Data da Devolução

CONSIDERAÇÕES FINAIS

A biblioteca escolar deve ser um espaço que ofereça múltiplas possibilidades para a comunidade escolar. As propostas aqui apresentadas podem ser desenvolvidas pelo professor readaptado, em parceria com os professores que estão em sala de aula, e devem ser feitas prioritariamente na biblioteca, pois serão um estímulo para os educandos frequentarem e muitas vezes conhecerem esse espaço educativo. A intenção é espertar a imaginação e a curiosidade para que busquem novas leituras, assim será de fato um espaço de possibilidades que vai além do empréstimo de livros.

Por meio da pesquisa e da formulação dessas propostas, foi possível vivenciar o verdadeiro significado da biblioteca escolar e ver como atividades dessa natureza têm grande relevância no processo de ensino e aprendizagem, principalmente quando envolvemos disciplinas da área de humanas (Arte, Filosofia, História, Língua Portuguesa e Sociologia), que desempenham, no ambiente escolar, a função de formar cidadãos críticos e devem primar pela especificidade dos alunos.

É importante que o responsável pela biblioteca faça um planejamento semestral ou anual e o apresente, na semana pedagógica, no início do ano letivo, para que as práticas sejam inseridas na programação escolar, pois o sucesso dessas atividades depende do apoio da gestão, da coordenação pedagógica e da adesão dos professores das disciplinas da área de humanas. É possível inserir disciplinas de outras áreas do conhecimento, principalmente em relação à pesquisa.

Sabemos que nem todos os professores readaptados, que desenvolvem suas atividades nas bibliotecas, se esforçam para cumprir a nova função pedagógica para a qual não receberam formação, informação e incentivo. Não são orientados pela Secretaria de Educação do Estado de Rondônia (SEDUC/RO) sobre suas novas atribuições nem por seus gestores.

É possível, a partir de orientações, planejamento e apoio pela gestão escolar, desenvolver essas atividades, que certamente contribuirão no processo de ensino e aprendizagem.

Os professores readaptados continuam tendo uma função dentro do ambiente escolar e precisam de subsídios para desenvolver seu trabalho dentro dessa nova realidade laboral, por isso é de suma importância que tenham consciência de que continuam tendo papel de fundamental importância como educadores, embora já não estejam desempenhando suas atividades como regentes de sala de aula.

O espaço da biblioteca na escola e a promoção dessas atividades contribuirão, de forma positiva, para que a biblioteca desempenhe suas funções, missões e objetivos e, dessa forma, desperte a criatividade nos discentes e melhore o desempenho escolar.

É importante ressaltar que o que formulamos são propostas, possibilidades que podem ser realizadas com baixo custo e adaptadas para vários espaços educativos que tenham biblioteca escolar e profissionais com desejo de dar sentido a esse espaço educativo.

Desejamos que essas possibilidades, que não têm a pretensão de serem fórmulas exatas de como desenvolver práticas pedagógicas na biblioteca escolar, contribuam com o trabalho docente dos profissionais readaptados e que sejam norteadoras em suas práticas diante desse novo desafio laboral para que continuem a desenvolver suas práticas educativas nesse novo espaço educativo.

Figura 21 – Atividade na biblioteca da escola com alunos do 6° ano

Fonte: arquivo da autora

REFERÊNCIAS

AZEVEDO, Aluísio. **O cortiço**. Rio de Janeiro: Ediouro, 1993.

BRASIL. Ministério da Educação. **Lei n.º 12.244, de 24 de maio de 2010**. Dispõe sobre a universalização das bibliotecas nas instituições de ensino do país. Brasília, DF: MEC, 2010. Disponível em: http://www.planalto.gov.br/ccivil_03/_ato2007-2010/2010/lei/l12244.htm. Acesso em: 20 fev. 2018.

CAMPELLO, Bernadete Ferreira *et al*. **Biblioteca escolar como espaço de produção do conhecimento**: parâmetros para bibliotecas escolares. Belo Horizonte: Autêntica, 2010.

CÔRTE, Adelaide Ramos; BANDEIRA, Suelena Pinto. **Biblioteca escolar**. Brasília: Editora Briquet de Lemos, 2011.

CHAGAS, Flomar Ambrosina Oliveira. A invisibilidade das bibliotecas escolares. *In*: INVESTIGAÇÃO QUALITATIVA EM EDUCAÇÃO, 5., 2016, Porto. **Atas** [...]. Porto: CIAIQ, 2016. v. 1, p. 672-680. Disponível em: https://proceedings.ciaiq.org/index.php/ciaiq2016/article/download/656/645/. Acesso em: mar. 2019.

FREIRE, Paulo. **Pedagogia da Autonomia**: saberes necessários à prática educativa. São Paulo: Paz e Terra, 1997.

GARCIA, Edson Gabriel. Integração: biblioteca/escola. *In*: AMATO, Mirian; GARCIA, Neise Aparecida Rodrigues. **Biblioteca escolar**: estrutura e funcionamento. São Paulo: Edição Loyola, 1989. p. 13.

GUIMARÃES, Bernardo. **A escrava Isaura**. São Paulo: FTD, 1994.

HILLESHEIM, Araci Isaltina de Andrade; FACHIN, Gleisy Regina Bories. Conhecer e ser uma biblioteca escolar no ensino e aprendizagem. **Revista ACB**: Biblioteconomia em Santa Catarina, Florianópolis, v. 4, n. 4, 1999. Disponível em: http://revista.acbsc.org.br/index.php/ racb/article/view/340. Acesso em: 7 maio 2019.

PAULI, Lorenz. **Biblioteca**??? Uma biblioteca pode fazer milagres! São Paulo: Brinque-Book, 2012.

PINHEIRO, Mariza Inês da Silva. Classificação em cores: uma metodologia inovadora na organização das bibliotecas escolares do município de Rondonópolis-MT. **RDBCI**, Campinas, v. 7, n. 1, 2009. Disponível em: http://www.sbu.unicamp.br/seer/ojs/index.php/rbci/article/view/449/307. Acesso em: 6 jun. 2019.

SILVA, Rovilson José da; BORTOLIN, Sueli. **Fazeres cotidiano na biblioteca escolar**. São Paulo: Editora Polis, 2006.

UNESCO/IFLA. **Diretrizes da Unesco para a Biblioteca Escolar**. 2000. Disponível em:http://www.ifla. org/files/assets/school-libraries-resource-centers/publications/school-libraryguidelines/school-library-guidelines-pt_br.pdf. Acesso em: 29 fev. 2018.

VOLMER, Lovani; KUNZ, Marines Andréa. Biblioteca, que espaço é esse? **Revista Prâksis**, Novo Hamburgo, v. 2, p. 29-34, ago. 2009. ISSN 2448-1939. Disponível em: https://periodicos.feevale.br/seer/index.php/revistapraksis/article/view/675. Acesso em: 11 ago. 2019.